ÍNDICE

INTRODUÇÃO

O presente livro tem por objetivo mostrar como tem sido tratada a aposentadoria do servidor público, a partir do texto original da Constituição Federal, especificamente no seu artigo 40, englobando todas as categorias de possibilidade de passagem à inatividade.

Em seguida, são trazidas as Emendas Constitucionais N° 20/1998, 41/2003, 47/2005 e 70/2012, bem como o Projeto de Emenda Constitucional N° 50/2012.

Embora todo o assunto abranja os servidores público das três esferas da administração pública, federal, estadual/distrital e municipal, bem como posteriormente também venham a ser incluídas outras categorias de agentes públicos, como membros do ministério público, da magistratura e das cortes de contas, a partir da Emenda Constitucional N° 20/1998 em diante, e que antes dessa Emenda Constitucional possuíam seus regramentos de aposentadoria regulados por normas infraconstitucionais, voltamo-nos para o universo dos servidores públicos federais, e, em um outro instante, citamos normas específicas aplicadas aos da Justiça do Trabalho.

Não é o objetivo fazer ou discutir Doutrina, mesmo que, num ou noutro momento, faça-se necessário socorrer-se de argumentos jurídicos, todavia a busca é de trazer uma explicação do que foram essas Reformas Previdenciárias para o servidor público, duma maneira o máximo possível didática, mostrando aspectos práticos do modo como cada um enquadra-se, a partir da data de seu ingresso no serviço público.

Também buscaremos trazer orientações de como se proceder para iniciar o enquadramento de situação do servidor público na regra que lhe seja mais benéfica, situação em que, intentaremos mostrar, na prática, como realizar tal tarefa, o que poderá servir de auxílio para quem inicia a confecção dos processos de aposentadoria.

I – Constituição Federal de 1988

Inicialmente, abordaremos o tema na forma da redação original do artigo 40 da Constituição Federal, depois passaremos às alterações trazidas pelas Emendas Constitucionais Nº 20/1998, 41/2003, 47/2005 e 70/2012, no que couber em relação ao referido artigo, como também nas regras de transição trazidas por essas Emendas Constitucionais.

É importante, antes de tudo, definir os tipos de aposentadorias que existem, a fim de ter um entendimento inicial, para uma melhor compreensão do assunto, assim como entender o conceito de paridade, que é a garantia para os proventos de aposentadoria e pensão civil, de todas as formas de reajustes dadas aos servidores ativos, oriundas de revisão de índice geral e de reestruturação de cargos e carreiras, como também compreender que proventos integrais, até o advento da Emenda Constitucional Nº 41/2003, tinham como base de cálculo a remuneração que o servidor recebia em atividade.

Regulada pelo artigo 40 da Constituição Federal, nos incisos I a III, a aposentadoria apresenta duas formas, voluntária e compulsória, que, por sua vez, subdividem-se em aspectos peculiares a essas subdivisões.

Na voluntária, há o predomínio da vontade do servidor público, enquanto na compulsória, o interesse é da Administração, logo o servidor não possui a faculdade de escolha entre aposentar-se ou não.

A aposentadoria voluntária, na Constituição Federal, na sua redação original, estava prevista com proventos integrais, correspondentes à remuneração do cargo, a partir de cumprido o tempo de serviço mínimo, 35 anos para o homem e 30 anos para a mulher, e nas funções de magistério, o homem aos 30 anos de efetivo exercício, a mulher, aos 25 anos de efetivo exercício.

> *Art. 40. O servidor será aposentado:*
> *III – voluntariamente:*
> *a) aos trinta e cinco anos de efetivo exercício, se homem, e aos trinta, se mulher, com proventos integrais;*
> *b) aos trinta anos de efetivo exercício em funções de magistério, se professor, e vinte e cinco, se professora, com proventos integrais;*

O critério era só esse, cumprido esse tempo de serviço, podia-se formular o pedido de aposentadoria com proventos integrais, ou seja, que correspondiam ao valor da remuneração até então recebida em atividade, bem como havia o direito à paridade com os ativos, que nada mais é do que o direito de garantia a também se ter todas as alterações na remuneração do servidor ativo aplicada ao inativo, tudo com base no artigo 40, parágrafo 4º, da Constituição Federal.

> *"§4º. Os proventos de aposentadoria serão revistos, na mesma proporção e na mesma data, sempre que se modificar a remuneração dos servidores em atividade, sendo também estendidos aos inativos quaisquer benefícios ou vantagens posteriormente concedidos aos servidores em atividade, inclusive quando decorrentes da transformação ou reclassificação do cargo ou função em que se deu a aposentadoria, na forma da lei".*

Na forma voluntária, havia também a proporcional por tempo de serviço, a partir dos 30 anos para o homem, e 25 anos, para a mulher, com proventos proporcionais ao tempo.

> *c) aos trinta anos de serviço, se homem; aos vinte e cinco, se mulher, com proventos proporcionais ao tempo de serviço.*

Outra hipótese de aposentadoria voluntária era a por idade, o homem, a partir dos 65 anos, poderia pedir a sua aposentadoria, e seus proventos seriam calculados com base proporcional ao tempo de serviço, a mulher, a partir dos 60 anos.

Exemplo, se o servidor, ao completar 65 anos de idade, contasse com 35 anos de tempo de serviço, poderia aposentar-se com a proporcionalidade 35/35, que redundaria em proventos integrais.

> *III – voluntariamente:*
> *d) aos sessenta e cinco de idade, se homem, e aos sessenta, se mulher, com proventos proporcionais a esse tempo;*

Na forma compulsória, tem-se duas modalidades de aposentadoria: por invalidez ou por limite de idade.

Quando da invalidez, os proventos eram integrais desde que se originasse a inativação de acidente de serviço, moléstia profissional ou doença grave, contagiosa ou incurável, previstas na legislação e proporcionais nas demais situações de doença não especificada em lei.

O laudo de junta médica oficial é sempre o documento hábil a identificar a situação do servidor, nesse caso, e, a partir dele, é que se dá início ao processo de aposentadoria, como também é o documento que determina se é ou não com proventos integrais, a partir do enquadramento da doença, se especificada ou não em lei.

> *I – por invalidez permanente, sendo os proventos integrais quando decorrentes de acidente de serviço, moléstia profissional ou doença grave, contagiosa ou incurável, especificadas em lei, e proporcionais nos demais casos;*

No âmbito do serviço público federal, a norma que estabelece o rol de doenças a serem consideradas para o servidor público encontra a sua previsão no artigo 186, § 1º, da Lei Nº 8.112/1990:

> *§ 1º Consideram-se doenças graves, contagiosas ou incuráveis, a que se refere o inciso I deste artigo, tuberculoso ativa, alienação mental, esclerosa múltipla, neoplasia maligna, cegueira posterior ao ingresso no serviço público, hanseníase, cardiopatia grave, doença de Parkinson, paralisia irreversível e incapacitante, espondiloartrose anquilosante, nefropatia grave, estados avançados do mal de Paget (osteíte deformante), Síndrome de Imunodeficiência Adquirida – AIDS, e outras que a lei indicar, com base na medicina especializada.*

Nas situações que não se enquadravam em acidente de serviço, moléstia profissional ou doença grave, contagiosa ou incurável, procedia-se ao cálculo do tempo de serviço do servidor à época, para encontrar a proporcionalidade dos proventos de aposentadoria, que poderia redundar ou não em proventos integrais, se a proporcionalidade desse tempo tivesse como resultado um ou maior que um, como, por exemplo, o homem que contasse com 35 anos de serviço ou mais, teria proventos integralizados, porque a sua proporcionalidade era 35/35, que resultada em divisão igual a um.

A outra modalidade de aposentadoria compulsória é por idade, aos 70 anos.

Atingido esse limite, o servidor era aposentado com os proventos calculados de maneira proporcional ao tempo de serviço alcançado na data da publicação, vigorando a sua aposentadoria no dia imediato ao que completou a idade limite de 70 anos, nos termos do artigo 187 da Lei Nº 8.112/1990.

> *II – compulsoriamente, aos setenta anos de idade, com proventos proporcionais ao tempo de serviço;*
> *Art. 187. A aposentadoria compulsória será automática, e declarada por ato, com vigência a partir do dia imediato àquele em que o servidor atingir a idade-limite de permanência no serviço ativo.*

A situação era simples e direta: analisava-se, para cálculo dos proventos, tão somente se o servidor possuía o tempo de serviço necessário, na modalidade voluntária, e na modalidade compulsória, qual era o tempo de serviço por ocasião da aposentadoria, a fim de fazer-se o cálculo da proporcionalidade dos proventos, que poderia redundar ou não, ao final, na integralidade do benefício, bem como na hipótese de doença não especificada em lei, cujo cálculo do benefício é feito de maneira proporcional.

A aposentadoria especial encontrava-se prevista no § 1º do artigo 40 da Constituição Federal, e, para ser regulamentada, a exigência era que houvesse lei complementar, cujo trâmite legislativo é diferenciado em relação à lei comum.

> *§ 1º Lei complementar poderá estabelecer exceções ao disposto no inciso III, a e c, no caso de exercício de atividades consideradas penosas, insalubres ou perigosas.*

Até o ano de 2014, no entanto, a chamada aposentadoria especial ainda não se encontrava regulamentada, determinando que os servidores públicos que se encontravam nessa situação ou se aposentariam pelas regras da aposentadoria comum ou teriam de valer-se de alguma decisão judicial, que lhes permitisse usufruir da modalidade, determinando à administração pública a transferência para a inatividade dessa maneira.

Uma observação a ser feita é que o critério de tempo de serviço não fazia restrição à sua origem, e ele podia ser público ou privado, não importando a sua natureza e, desta maneira, ao ingressar no serviço público e atingido o tempo mínimo necessário, o servidor público podia aposentar-se.

As outras categorias de agente público estavam excluídas dessas regras, algumas com a regulamentação do tema em normas infraconstitucionais, a exemplo dos magistrados, até então regidos pela Lei Complementar Nº 035/1979 – Lei de Organização da Magistratura Nacional – LOMAN.

Também não eram acrescidos outros critérios, além do tempo de serviço, inexistindo, à época, exigência de idade, de tempo de efetivo exercício no serviço público, tempo na carreira e no cargo.

Todas as aposentadorias do artigo 40 da Constituição Federal, na sua redação original possuem como base a remuneração do servidor, seja com proventos integrais ou proporcionais e também guardam paridade com os servidores ativos.

II – Emenda Constitucional N° 20/1998

Com a Emenda Constitucional N° 20/1998, de 15 de dezembro de 1998, promulgada dia 16 de dezembro de 1998, passou a ser considerado o tempo de contribuição para a referência do cálculo de tempo para aposentar-se, não mais se levando em conta o tempo de serviço, transformado, a partir dessa Emenda, em tempo de contribuição, nos termos do artigo 4º da citada Emenda Constitucional, ou seja, daí em diante o que se considera é a contribuição, não mais o tempo de serviço, bem como ficou vedada a contagem de tempo de contribuição ficto, com a redação do parágrafo dez do artigo 40 da Constituição Federal.

> Art.4° Observado o disposto no art. 40, § 10, da Constituição Federal, o tempo de serviço considerado pela legislação vigente para efeito de aposentadoria, cumprido até que a lei discipline a matéria, será contado como tempo de contribuição.
> § 10. A lei não poderá estabelecer qualquer forma de contagem de tempo de contribuição fictício.

No entanto, a Emenda Constitucional N° 20/1998, no seu artigo 8º, § 2º, excepcionalizou a situação para os magistrados do sexo masculino, na sua contagem para aposentadoria, com proventos integrais ou proporcionais, na regra de transição, com o pedágio, respectivamente de 20% e 40%, ao tempo de contribuição para atingir a 35 anos ou 30 anos, em 16/12/1998.

> Art.8° Observado o disposto no art. 4° desta Emenda e ressalvado o direito de opção a aposentadoria pelas normas por ela estabelecidas, é assegurado o direito à aposentadoria voluntária com proventos calculados de acordo com o art. 40, § 3°, da Constituição Federal, àquele que tenha ingressado regularmente em cargo efetivo na Administração Pública, direta, autárquica e fundacional, até a data de publicação desta Emenda, quando o servidor, cumulativamente:
> I - tiver cinqüenta e três anos de idade, se homem, e quarenta e oito anos de idade, se mulher;
> II - tiver cinco anos de efetivo exercício no cargo em que se dará a aposentadoria;
> III - contar tempo de contribuição igual, no mínimo, à soma de:

a) trinta e cinco anos, se homem, e trinta anos, se mulher; e
b) um período adicional de contribuição equivalente a vinte por cento do tempo que, na data da publicação desta Emenda, faltaria para atingir o limite de tempo constante da alínea anterior.
§ 1° O servidor de que trata este artigo, desde que atendido o disposto em seus incisos I e II, e observado o disposto no art. 4° desta Emenda, pode aposentar-se com proventos proporcionais ao tempo de contribuição, quando atendidas as seguintes condições:
I - contar tempo de contribuição igual, no mínimo, à soma de:
a) trinta anos, se homem, e vinte e cinco anos, se mulher; e
b) um período adicional de contribuição equivalente a quarenta por cento do tempo que, na data da publicação desta Emenda, faltaria para atingir o limite de tempo constante da alínea anterior;
II - os proventos da aposentadoria proporcional serão equivalentes a setenta por cento do valor máximo que o servidor poderia obter de acordo com o caput, acrescido de cinco por cento por ano de contribuição que supere a soma a que se refere o inciso anterior, até o limite de cem por cento.
§ 2° Aplica-se ao magistrado e ao membro do Ministério Público e de Tribunal de Contas
§ 3° Na aplicação do disposto no parágrafo anterior, o magistrado ou o membro do Ministério Público ou de Tribunal de Contas, se homem, terá o tempo de serviço exercido até a publicação desta Emenda contado com o acréscimo de dezessete por cento.

Posteriormente o Conselho Nacional de Justiça estendeu o reconhecimento desse acréscimo não somente ao estabelecido no artigo 8° da Emenda Constitucional N° 20/1998, mas a toda e qualquer regra de aposentadoria, tratando o assunto como direito adquirido dos magistrados, salientando-se que posteriormente esse artigo foi revogado pela Emenda Constitucional N° 41/2003, e inserido o artigo 2° dessa última Emenda, apenas no que se refere a proventos integrais, tendo sido excluída a hipótese de aposentadoria voluntária com proventos proporcionais por tempo de contribuição com o pedágio de 40% ao tempo computado em 16/12/1998 para atingir o mínimo de 30 anos, se homem, e 25 anos, se mulher.

CNJ – 111ª SESSÃO ORDINÁRIA
PEDIDO DE PROVIDÊNCIAS 2009.10.00.005125-0
5. Diante do exposto, concluo pela aplicabilidade das disposições do § 3° do artigo 8° da Emenda Constitucional n° 20, de 16 de dezembro de 1998, à contagem de tempo de serviço dos magistrados do sexo masculino, incidindo o tempo ficto de 17% (dezessete por cento) sobre o tempo de serviço exercido pelo magistrado até a data de publicação da referida Emenda. E, tendo em vista que este

entendimento deverá ser aplicado a todos os magistrados que se encontrem em situação análoga, determino a expedição de ofício aos tribunais brasileiros, integrantes do Poder Judiciário, a fim de dar conhecimento do presente.

A Emenda Constitucional Nº 20/1998 alterou o caput do artigo 40 da Constituição Federal, trazendo o conceito de equilíbrio financeiro e atuarial, bem como acrescendo os servidores de autarquias e fundações do serviço público nas três esferas, federal, estadual/distrital e municipal.

"Art. 40. Aos servidores titulares de cargos efetivos da União, dos Estados, do Distrito Federal e dos Municípios, incluídas suas autarquias e fundações, é assegurado regime de previdência de caráter contributivo, observados critérios que preservem o equilíbrio financeiro e atuarial e o disposto neste artigo.

Os proventos de aposentadoria foram mantidos com a base de cálculo a remuneração e mantiveram a paridade com os servidores ativos, assim como ficou vedada a possibilidade aumento dos proventos em relação à remuneração que o servidor percebia anteriormente.

§ 1° Os servidores abrangidos pelo regime de previdência de que trata este artigo serão aposentados, calculados os seus proventos a partir dos valores fixados na forma do § 3°:
§ 2° Os proventos de aposentadoria e as pensões, por ocasião de sua concessão, não poderão exceder a remuneração do respectivo servidor, no cargo efetivo em que se deu a aposentadoria ou que serviu de referência para a concessão da pensão.
§ 3° Os proventos de aposentadoria, por ocasião da sua concessão, serão calculados com base na remuneração do servidor no cargo efetivo em que se der a aposentadoria e, na forma da lei, corresponderão à totalidade da remuneração.

Na aposentadoria voluntária, foi revogada a proporcional por tempo de serviço, bem como não foi trazida essa forma para tempo de contribuição, assim como nas modalidades mantidas, voluntária por tempo de contribuição com proventos integrais e com proventos proporcionais por tempo de contribuição de acordo com a idade, homem aos 65 anos, mulher aos 60 anos, foram acrescidos os requisitos de 10 anos de serviço público e 05 anos no cargo, e, na voluntária com proventos integrais, foi acrescido o requisito idade mínima para homem, 60 anos, e mulher, 55 anos, no texto do artigo 40 da Constituição Federal, excluídas as regras de transição.

III - voluntariamente, desde que cumprido tempo mínimo de dez anos de efetivo exercício no serviço público e cinco anos no cargo efetivo em que se dará a aposentadoria, observadas as seguintes condições:

a) sessenta anos de idade e trinta e cinco de contribuição, se homem, e cinqüenta e cinco anos de idade e trinta de contribuição, se mulher;
b) sessenta e cinco anos de idade, se homem, e sessenta anos de idade, se mulher, com proventos proporcionais ao tempo de contribuição.

A aposentadoria por invalidez foi mantida com proventos integrais nas hipóteses decorrentes de acidente de serviço, moléstia profissional ou doença grave, contagiosa ou incurável especificadas em lei, e nos demais quadros os proventos proporcionais à remuneração do cargo.

I - por invalidez permanente, sendo os proventos proporcionais ao tempo de contribuição, exceto se decorrente de acidente em serviço, moléstia profissional ou doença grave, contagiosa ou incurável, especificadas em lei;

Foi mantida a redução de tempo de contribuição para os professores, bem como foi introduzida a redução relativamente à idade, estipulada em 60 anos para o homem e 55 para a mulher.

§ 5° Os requisitos de idade e de tempo de contribuição serão reduzidos em cinco anos, em relação ao disposto no § 1°, III, a, para o professor que comprove exclusivamente tempo de efetivo exercício das funções de magistério na educação infantil e no ensino fundamental e médio.

Um dado importante, trazido por essa Emenda Constitucional foi a vedação de perceber proventos de aposentadoria, oriundos de cargo efetivo, com a remuneração de cargo efetivo de Polícia Militar, Bombeiro e de militar das Forças Armadas, com a exceção para os cargos acumuláveis permitidos pela Constituição Federal, cargos eletivos e em comissão, em outras palavras, a partir de então, deixou de haver a possibilidade de servidor aposentado reingressar em serviço público para o exercício de cargo efetivo não acumulável.

Teria sido uma medida moralizadora para essa situação, se a vedação fosse estendida aos cargos eletivos e em comissão, oportunizando ao interessado fazer a opção entre receber seus proventos de aposentadoria ou do cargo eletivo ou em comissão, uma vez eleito ou nomeado.

"Art.37..

§ 10. É vedada a percepção simultânea de proventos de aposentadoria decorrentes do art. 40 ou dos arts. 42 e 142 com a remuneração de cargo, emprego ou função pública, ressalvados os cargos acumuláveis na forma desta Constituição, os cargos eletivos e os cargos em comissão declarados em lei de livre nomeação e exoneração."

Em relação à aposentadoria especial, esta continuou sem regulamentação, trazendo a Emenda Constitucional Nº 20/1998 a sua previsão no parágrafo 4º do artigo 40 da Constituição Federal.

> § 4º É vedada a adoção de requisitos e critérios diferenciados para a concessão de aposentadoria aos abrangidos pelo regime de que trata este artigo, ressalvados os casos de atividades exercidas exclusivamente sob condições especiais que prejudiquem a saúde ou a integridade física, definidos em lei complementar.

A paridade dos servidores inativos com os ativos, ou seja, aumento oriundo de revisão de índice geral ou reestruturação do cargo ou de carreira, foi mantida, para todas as formas de aposentadoria do artigo 40 da Constituição Federal, como também a base de cálculo para os proventos, que eram a remuneração do cargo.

> § 3º Os proventos de aposentadoria, por ocasião da sua concessão, serão calculados com base na remuneração do servidor no cargo efetivo em que se der a aposentadoria e, na forma da lei, corresponderão à totalidade da remuneração.
> § 8º Observado o disposto no art. 37, XI, os proventos de aposentadoria e as pensões serão revistos na mesma proporção e na mesma data, sempre que se modificar a remuneração dos servidores em atividade, sendo também estendidos aos aposentados e aos pensionistas quaisquer benefícios ou vantagens posteriormente concedidos aos servidores em atividade, inclusive quando decorrentes da transformação ou reclassificação do cargo ou função em que se deu a aposentadoria ou que serviu de referência para a concessão da pensão, na forma da lei.

A Emenda Constitucional Nº 20/1998 trouxe também uma regra de transição, para os servidores que até então não haviam adquirido direito à aposentadoria voluntária, com proventos proporcionais ou integrais, chamada de pedágio, nas duas modalidades, com acréscimo de tempo, contado a partir de 16/12/1998, observado que a idade exigida para o homem era de 53 anos e a para a mulher 48 anos, bem como 05 anos no cargo, desde que houvessem ingressado regularmente no serviço público em cargo efetivo até a data da publicação da supracitada Emenda Constitucional.

No cálculo dos proventos, para quem se aposentasse da forma proporcional, a partir de 30 anos, se homem, 25 anos, se mulher, o valor desses proventos corresponderiam a 70% do que seriam os integrais, e, para cada ano a mais de contribuição, acrescentar-se-ia 5% para aos proventos de aposentadoria, até o limite 100%.

> *Art.8° Observado o disposto no art. 4° desta Emenda e ressalvado o direito de opção a aposentadoria pelas normas por ela estabelecidas, é assegurado o direito à aposentadoria voluntária com proventos calculados de acordo com o art. 40, § 3°, da Constituição Federal, àquele que tenha ingressado regularmente em cargo efetivo na Administração Pública, direta, autárquica e fundacional, até a data de publicação desta Emenda, quando o servidor, cumulativamente:*
> *I - tiver cinqüenta e três anos de idade, se homem, e quarenta e oito anos de idade, se mulher;*
> *II - tiver cinco anos de efetivo exercício no cargo em que se dará a aposentadoria;*
> *III - contar tempo de contribuição igual, no mínimo, à soma de:*
> *a) trinta e cinco anos, se homem, e trinta anos, se mulher; e*
> *b) um período adicional de contribuição equivalente a vinte por cento do tempo que, na data da publicação desta Emenda, faltaria para atingir o limite de tempo constante da alínea anterior.*
> *§ 1° O servidor de que trata este artigo, desde que atendido o disposto em seus incisos I e II, e observado o disposto no art. 4° desta Emenda, pode aposentar-se com proventos proporcionais ao tempo de contribuição, quando atendidas as seguintes condições:*
> *I - contar tempo de contribuição igual, no mínimo, à soma de:*
> *a) trinta anos, se homem, e vinte e cinco anos, se mulher; e*
> *b) um período adicional de contribuição equivalente a quarenta por cento do tempo que, na data da publicação desta Emenda, faltaria para atingir o limite de tempo constante da alínea anterior;*
> *II - os proventos da aposentadoria proporcional serão equivalentes a setenta por cento do valor máximo que o servidor poderia obter de acordo com o caput, acrescido de cinco por cento por ano de contribuição que supere a soma a que se refere o inciso anterior, até o limite de cem por cento.*

No cálculo da aposentadoria com proventos integrais, o adicional de tempo era de 20%, enquanto no proporcional era de 40%, observando-se que naquela a referência para cálculo do acréscimo para homem na aposentadoria integral era de 35 anos, 30 anos, se mulher, e na proporcional de 30 anos, se homem, e 25 anos, se mulher.

Uma simulação para as duas situações, envolvendo servidor e servidora.

Primeiro exemplo: um servidor, nascido em 15/12/1960, com ingresso no serviço público, desde 10/01/1979, sem alteração do cargo.

Requisitos: 53 anos de idade, 05 anos no cargo, acréscimo de 20% ao tempo de contribuição que, em 16/12/1998, faltava para atingir 35 anos.

Para proventos Integrais

Homem

Data de Nascimento – 15/12/1960.

Data de Exercício – 10/01/1979.

10/01/1979 a 16/12/1998 – 7.281 dias

35 anos de tempo de contribuição – 12.775 dias

12.775 – 7.281 = 5.494 dias

20% de 5.494 = 1.098 dias

5.494 + 1.098 = 6.592 dias a contar de 17/12/1998

17/12/1998 a 02/01/2017 = 6.592 dias

Idade 53 anos – 15/12/2013

05 anos no cargo – 08/01/1984

Em 02/01/2017 completa o pedágio de 20%, em relação ao tempo de contribuição que faltava para atingir os 35 anos, observando-se que, nessa data, também já conta com 53 anos de idade e 05 anos no cargo.

Apresentamos uma outra simulação, usando quase todos os mesmos dados, alterando-se apenas o gênero, agora feminino, para o cálculo de aposentadoria com proventos integrais.

Para proventos Integrais

Mulher

Requisitos: 48 anos de idade, 05 anos no cargo, acréscimo de 20% ao tempo de contribuição que, em 16/12/1998, faltava para atingir 30 anos.

Data de Nascimento – 15/12/1960.

Data de Exercício – 10/01/1979.

10/01/1979 a 16/12/1998 – 7.281 dias

30 anos de tempo de contribuição – 10.950 dias

10.950 – 7.281 = 3.669 dias

20% de 3.669 = 733 dias

3.669 + 733 = 4.402 dias a contar de 17/12/1998

17/12/1998 a 04/01/2011 = 4.402 dias

05 anos no cargo – 08/01/1984

Idade 48 anos – 15/12/2008

Em 04/01/2011, atinge todos os requisitos, observando-se que já conta com a idade mínima e tempo no cargo.

São feitas simulações para a contagem com proventos proporcionais, com a manutenção dos mesmos dados usados antes, relativamente à idade e ingresso em cargo público efetivo, lembrando que o percentual a ser acrescido é da ordem de 40%, em relação a 30 anos de tempo de contribuição, se homem, e 25 anos, se mulher.

Homem

Requisitos: 53 anos de idade, 05 anos no cargo, acréscimo de 40% ao tempo de contribuição que, em 16/12/1998, faltava para atingir 30 anos.

Data de Nascimento – 15/12/1960.

Data de Exercício – 10/01/1979.

10/01/1979 a 16/12/1998 – 7.281 dias

30 anos de tempo de contribuição – 10.950 dias

10.950 – 7.281 = 3.669 dias

40% de 3.669 = 1.467 dias

1.467 + 3.669 = 5.136 dias a contar de 17/12/1998

17/12/1998 a 07/01/2013 = 5.136 dias

Idade 53 anos – 15/12/2013

05 anos no cargo – 08/01/1984

Em 07/01/2013, completa o pedágio de 40%, em relação ao tempo que faltava, em 17/12/1998, para completar o tempo mínimo para a aposentadoria proporcional por tempo de contribuição, 30 anos, com o tempo no cargo, 05 anos, alcançado em 05/01/1984, contudo, estava faltando a idade, 53 anos, completada em 15/12/2013.

Mulher

Requisitos: 48 anos de idade, 05 anos no cargo, acréscimo de 40% ao tempo de contribuição que, em 16/12/1998, faltava para atingir 25 anos.

Data de Nascimento – 15/12/1960.

Data de Exercício – 10/01/1979.

10/01/1979 a 16/12/1998 – 7.281 dias

25 anos de tempo de contribuição – 9.125 dias

9.125 – 7.281 = 1.844 dias

40% de 1.844 = 738 dias

1.844 + 738 = 2.582 dias a/c de 17/12/1998

17/01/1998 a 10/01/2006 = 2.582 dias

Idade – 15/12/2008.

05 anos no cargo – 08/01/1984

Em 10/01/2006, atinge o tempo mínimo, 25 anos (9.125 dias) com o acréscimo de 40%, para a aposentadoria por tempo de contribuição, já havendo satisfeito o tempo no cargo, 05 anos, em 08/01/1984, faltando a idade, 48 anos, atingida em 15/12/2008, pois a data de nascimento é 15/12/1960.

Todos esses requisitos são cumulativos e só são preenchidas as condições se todos estiverem completos, se faltar um que seja não tem direito à modalidade de aposentadoria que pretenda, observando-se que se na data em que completa o direito a norma usada esteja em vigor, salientando-se que essa possibilidade foi revogada pela Emenda Constitucional N° 41/2003, de 19/12/2003, promulgada dia 31/12/2003.

Saliente-se que, com a Emenda Constitucional N° 20/1998, os membros dos Tribunais de Contas, do Poder Judiciário e do Ministério Público, Ministros, Conselheiros, Juízes, Desembargadores, Promotores, Procuradores passaram a ser regidos pelas mesmas regras aplicadas aos servidores.

> *Art. 40. Aos servidores titulares de cargos efetivos da União, dos Estados, do Distrito Federal e dos Municípios, incluídas suas autarquias e fundações, é assegurado regime de previdência de caráter contributivo, observados critérios que preservem o equilíbrio financeiro e atuarial e o disposto neste artigo.*
> *"Art.73..............*
> *§ 3° Os Ministros do Tribunal de Contas da União terão as mesmas garantias, prerrogativas, impedimentos, vencimentos e vantagens dos Ministros do Superior Tribunal de Justiça, aplicando-se-lhes, quanto à aposentadoria e pensão, as normas constantes do art. 40.*
> *"Art.93..*

VI - a aposentadoria dos magistrados e a pensão de
seus dependentes observarão o disposto no art. 40;

As regras de transição do artigo 8º da Emenda Constitucional Nº 20/1998, que tratam da aquisição do direito à aposentadoria com proventos integrais, pedágio de 20% ao tempo de contribuição em 16/12/1998, e proventos proporcionais, pedágio de 40% ao tempo de contribuição em 16/12/1998, também passaram a ser aplicadas à magistratura aos membros de Tribunais e Contas e Ministério Público, acrescido o tempo até a publicação dessa Emenda Constitucional com 17%.

> *§ 2º Aplica-se ao magistrado e ao membro do*
> *Ministério Público e de Tribunal de Contas o disposto*
> *neste artigo.*
> *§ 3º Na aplicação do disposto no parágrafo anterior, o*
> *magistrado ou o membro do Ministério Público ou de*
> *Tribunal de Contas, se homem, terá o tempo de serviço*
> *exercido até a publicação desta Emenda contado com*
> *o acréscimo de dezessete por cento.*

A Emenda Constitucional Nº 20/1998 já trouxe a perspectiva futura de proventos de aposentadoria com os mesmos valores pagos pelo Regime Geral de Previdência Social – RGPS, e a instituição de sistema de previdência complementar no serviço público, nos parágrafos 14, 15 e 16 do artigo 40 da Constituição Federal.

> *§ 14. A União, os Estados, o Distrito Federal e os*
> *Municípios, desde que instituam regime de previdência*
> *complementar para os seus respectivos servidores*
> *titulares de cargo efetivo, poderão fixar, para o valor*
> *das aposentadorias e pensões a serem concedidas*
> *pelo regime de que trata este artigo, o limite máximo*
> *estabelecido para os benefícios do regime geral de*
> *previdência social de que trata o art. 201.*
> *§ 15. Observado o disposto no art. 202, lei*
> *complementar disporá sobre as normas gerais para a*
> *instituição de regime de previdência complementar pela*
> *União, Estados, Distrito Federal e Municípios, para*
> *atender aos seus respectivos servidores titulares de*
> *cargo efetivo.*
> *§ 16. Somente mediante sua prévia e expressa opção,*
> *o disposto nos §§ 14 e 15 poderá ser aplicado ao*
> *servidor que tiver ingressado no serviço público até a*
> *data da publicação do ato de instituição do*
> *correspondente regime de previdência complementar."*

Uma possibilidade, até então inédita, foi criada pela Emenda Constitucional Nº 20/1998, a do servidor que tivesse adquirido direito à aposentadoria com proventos integrais na regra de transição do artigo 8º da mencionada Emenda Constitucional, pedágio de 20%, de permanecer em atividade e não descontar para a previdência, até que se adquirisse o direito à aposentadoria voluntária com proventos integrais, na redação do artigo 40 da

Constituição Federal, dada por essa Emenda Constitucional, sendo exigidos, nesse artigo, para o homem, 35 anos de tempo de contribuição, 60 anos de idade, 10 anos de serviço público, 05 anos no cargo, e para a mulher, 55 anos de idade, 30 anos de contribuição e demais requisitos idênticos aos previstos para o homem.

> *Art.3° É assegurada a concessão de aposentadoria e pensão, a qualquer tempo, aos servidores públicos e aos segurados do regime geral de previdência social, bem como aos seus dependentes, que, até a data da publicação desta Emenda, tenham cumprido os requisitos para a obtenção destes benefícios, com base nos critérios da legislação então vigente.*
>
> *§ 1° O servidor de que trata este artigo, que tenha completado as exigências para aposentadoria integral e que opte por permanecer em atividade fará jus à isenção da contribuição previdenciária até completar as exigências para aposentadoria contidas no art. 40, § 1°, III, a, da Constituição Federal.*

III – Emenda Constitucional N° 41/2003.

A Emenda Constitucional N° 41/2003, de 19/12/2003, promulgada dia 31/12/2003, trouxe duas novidades à aposentadoria do servidor público, regulada pelo artigo 40 da Constituição Federal, o fato de haver instituído a contribuição previdenciária de aposentados, bem como o fim dos proventos integrais, com base na remuneração do cargo, para os que ingressam no serviço público em primeira investidura ou com solução de continuidade em relação ao cargo efetivo público anterior, após essa Emenda Constitucional, cujo cálculo dos proventos passou a ser a média das contribuições, passando a ser considerados como integrais da média ou proporcionais da média, e sem paridade.

> *"Art. 40. Aos servidores titulares de cargos efetivos da União, dos Estados, do Distrito Federal e dos Municípios, incluídas suas autarquias e fundações, é assegurado regime de previdência de caráter contributivo e solidário, mediante contribuição do respectivo ente público, dos servidores ativos e inativos e dos pensionistas, observados critérios que preservem o equilíbrio financeiro e atuarial e o disposto neste artigo.*
>
> *§ 1° Os servidores abrangidos pelo regime de previdência de que trata este artigo serão aposentados, calculados os seus proventos a partir dos valores fixados na forma dos §§ 3° e 17:*

> *§ 3º Para o cálculo dos proventos de aposentadoria, por ocasião da sua concessão, serão consideradas as remunerações utilizadas como base para as contribuições do servidor aos regimes de previdência de que tratam este artigo e o art. 201, na forma da lei.*
>
> *§ 18. Incidirá contribuição sobre os proventos de aposentadorias e pensões concedidas pelo regime de que trata este artigo que superem o limite máximo estabelecido para os benefícios do regime geral de previdência social de que trata o art. 201, com percentual igual ao estabelecido para os servidores titulares de cargos efetivos.*

Todas as modalidades de aposentadoria, regidas pelo artigo 40 da Constituição Federal, a partir da regulamentação do parágrafo terceiro desse artigo, passaram a ter os proventos calculados pela média das contribuições, bem como passaram a não ter mais a paridade com os servidores ativos, deixando de receber as mesmas alterações dos proventos que a remuneração dos ativos obtivesse, e os reajustes dos proventos dos que se aposentam nesse artigo passaram a receber os mesmos índices dados anualmente aos beneficiários do Regime Geral de Previdência Social – RGPS.

Inicialmente a regulamentação foi feita pela Medida Provisória Nº 167, de 19/02/2004, posteriormente convertida na Lei Nº 10.887, de 18/06/2004, dessa maneira, somente a partir da data inicial de 19/02/2004, o critério da média passou a ser aplicado aos proventos de aposentadoria, nas formas estabelecidas pela Emenda Constitucional Nº 41/2003, que alterou o artigo 40 da Constituição Federal, passando todas as modalidades de aposentadorias desse artigo ter proventos calculados pela média das contribuições e sem paridade, assim como o artigo 2º da referida Emenda Constitucional, para quem obtivesse direito à aposentadoria no intervalo considerado da data da promulgação dessa Emenda Constitucional até a data anterior à publicação da supracitada Medida Provisória não seria alcançado pela nova regra de proventos calculados sobre a média das contribuições e sem paridade.

> *Art. 1º No cálculo dos proventos de aposentadoria dos servidores titulares de cargo efetivo de qualquer dos Poderes da União, dos Estados, do Distrito Federal e dos Municípios, incluídas suas autarquias e fundações, previsto no § 3º do art. 40 da Constituição Federal e no art. 2º da Emenda Constitucional nº 41, de 19 de dezembro de 2003, será considerada a média aritmética simples das maiores remunerações, utilizadas como base para as contribuições do servidor aos regimes de previdência a que esteve vinculado,*

correspondentes a 80% (oitenta por cento) de todo o período contributivo desde a competência julho de 1994 ou desde a do início da contribuição, se posterior àquela competência.

No que se refere ao regime de previdência complementar, foi trazida uma nova redação ao parágrafo 15 do artigo 40 da Constituição Federal, passando a estabelecer, de maneira clara, que os planos de benefícios a serem oferecidos possuem apenas a contribuição definida, portanto, não há valor de benefício fixado.

> *§ 15. O regime de previdência complementar de que trata o § 14 será instituído por lei de iniciativa do respectivo Poder Executivo, observado o disposto no art. 202 e seus parágrafos, no que couber, por intermédio de entidades fechadas de previdência complementar, de natureza pública, que oferecerão aos respectivos participantes planos de benefícios somente na modalidade de contribuição definida.*

Quanto à possibilidade de, em adquirindo o direito a uma modalidade de aposentadoria, deixar de continuar descontando para a previdência, até o momento em que se aposentasse, foi estabelecido o abono de permanência, até que atinja a aposentadoria compulsória, estabelecida no parágrafo primeiro, inciso II, do artigo 40 da Constituição Federal.

O desconto para a previdência continua sendo efetuado, e o valor é devolvido ao servidor, de maneira que não ocorra a imunidade tributária.

> *§ 19. O servidor de que trata este artigo que tenha completado as exigências para aposentadoria voluntária estabelecidas no § 1º, III, a, e que opte por permanecer em atividade fará jus a um abono de permanência equivalente ao valor da sua contribuição previdenciária até completar as exigências para aposentadoria compulsória contidas no § 1º, II.*

A Emenda Constitucional Nº 41/2003 revogou o artigo 8º da Emenda Constitucional Nº 20/1998, que estabelecia a regra de transição para os que se encontravam em atividade na data de sua promulgação e ainda não haviam adquirido o direito à aposentadoria por tempo de serviço, com proventos integrais ou proporcionais, contudo, manteve a regra para proventos integrais, com o pedágio de 20%, com a ressalva de que os proventos são calculados pela média das contribuições, sem paridade, e sofrem uma diminuição gradativa de 3,5% ou 5% se houver, respectivamente, adquirido o direito à aposentadoria até 31/12/2005 ou a partir de 01/01/2006, estando os magistrados, membros do Ministério Público e de Tribunais de Contas abarcados também por essas regras, contudo, com o acréscimo de tempo de contribuição de 17%.

Art. 2° Observado o disposto no art. 4° da Emenda Constitucional n° 20, de 15 de dezembro de 1998, é assegurado o direito de opção pela aposentadoria voluntária com proventos calculados de acordo com o art. 40, §§ 3° e 17, da Constituição Federal, àquele que tenha ingressado regularmente em cargo efetivo na Administração Pública direta, autárquica e fundacional, até a data de publicação daquela Emenda, quando o servidor, cumulativamente:
I – tiver cinqüenta e três anos de idade, se homem, e quarenta e oito anos de idade, se mulher;
II – tiver cinco anos de efetivo exercício no cargo em que se der a aposentadoria;
III – contar tempo de contribuição igual, no mínimo, à soma de:
a) trinta e cinco anos, se homem, e trinta anos, se mulher; e
b) um período adicional de contribuição equivalente a vinte por cento do tempo que, na data de publicação daquela Emenda, faltaria para atingir o limite de tempo constante da alínea a deste inciso.
§ 1° O servidor de que trata este artigo que cumprir as exigências para aposentadoria na forma do caput terá os seus proventos de inatividade reduzidos para cada ano antecipado em relação aos limites de idade estabelecidos pelo art. 40, § 1°, III, a, e § 5° da Constituição Federal, na seguinte proporção:
I – três inteiros e cinco décimos por cento, para aquele que completar as exigências para aposentadoria na forma do caput até 31 de dezembro de 2005;
II – cinco por cento, para aquele que completar as exigências para aposentadoria na forma do caput a partir de 1° de janeiro de 2006.
§ 2° Aplica-se ao magistrado e ao membro do Ministério Público e de Tribunal de Contas o disposto neste artigo.
§ 3° Na aplicação do disposto no § 2° deste artigo, o magistrado ou o membro do Ministério Público ou de Tribunal de Contas, se homem, terá o tempo de serviço exercido até a data de publicação da Emenda Constitucional n° 20, de 15 de dezembro de 1998, contado com acréscimo de dezessete por cento, observado o disposto no § 1° deste artigo.

Esse regramento de aposentadoria também enseja a concessão do abono de permanência, estando previsto no parágrafo 5° do artigo 2° da Emenda Constitucional N° 41/2003, podendo ser percebido até a data em que se aposentar compulsoriamente por atingimento do limite de idade de permanência em atividade no serviço público.

§ 5° O servidor de que trata este artigo, que tenha completado as exigências para aposentadoria voluntária estabelecidas no caput, e que opte por permanecer em atividade, fará jus a um abono de permanência equivalente ao valor da sua contribuição previdenciária

até completar as exigências para aposentadoria compulsória contidas no art. 40, § 1º, II, da Constituição Federal.

Os professores da União, Estados, Distrito Federal e Municípios que houvessem ingressado no serviço público até 15/12/1998 em cargo efetivo contaram com um acréscimo de 17% do seu tempo de serviço, se homem, e 20%, se mulher, na aposentadoria em exercício de funções de magistério.

> § 4º O professor, servidor da União, dos Estados, do Distrito Federal e dos Municípios, incluídas suas autarquias e fundações, que, até a data de publicação da Emenda Constitucional nº 20, de 15 de dezembro de 1998, tenha ingressado, regularmente, em cargo efetivo de magistério e que opte por aposentar-se na forma do disposto no caput, terá o tempo de serviço exercido até a publicação daquela Emenda contado com o acréscimo de dezessete por cento, se homem, e de vinte por cento, se mulher, desde que se aposente, exclusivamente, com tempo de efetivo exercício nas funções de magistério, observado o disposto no § 1º.

No Abono de Permanência, foi abrangida a situação do servidor que adquira o direito à aposentadoria com a regra do artigo 2º da Emenda Constitucional Nº 41/2003, pedágio de 20%, até a aposentadoria compulsória.

> § 5º O servidor de que trata este artigo, que tenha completado as exigências para aposentadoria voluntária estabelecidas no caput, e que opte por permanecer em atividade, fará jus a um abono de permanência equivalente ao valor da sua contribuição previdenciária até completar as exigências para aposentadoria compulsória contidas no art. 40, § 1º, II, da Constituição Federal.

A maneira de realizar-se o cálculo para encontrar a data é a mesma demonstrada na aposentadoria do artigo 8º da Emenda Constitucional Nº 20/1998, anteriormente descrita.

Para os servidores que tenham ingressado no serviço público das três esferas da Administração Pública da União, Estados/Distrito Federal e Municípios, até a data de publicação da Emenda Constitucional Nº 41/2003, 31/12/2003, há a hipótese de aposentadoria com proventos integrais, nos termos do artigo 6º dessa Emenda Constitucional, ressalvado o direito à aposentadoria de acordo com o artigo 40 da Constituição Federal, e o artigo 2º da referida Emenda Constitucional, regra do pedágio com proventos calculados sobre a média das contribuições e sem paridade, nessa hipótese do artigo 6º dessa Emenda Constitucional, satisfeitas as seguintes condições: 60 anos de idade, 35 anos de tempo de contribuição, 20 anos de efetivo exercício no serviço público, 10 anos na carreira e 05 anos no cargo, se homem; 55 anos de idade, 30 anos de tempo de contribuição, se mulher, e os demais requisitos comuns aos dois gêneros (tempo de exercício no serviço público, tempo na carreira e no cargo).

Nos casos de professores com tempo de efetivo exercício exclusivo nas funções de magistério de ensino infantil, fundamental e médio, os critérios de tempo de contribuição e idade são reduzidos em 05 anos, ou seja, para o homem 55 anos de idade, 30 anos de tempo de contribuição, 20 anos de efetivo exercício no serviço público, 10 anos na carreira e 05 anos no cargo, e para a mulher, 50 anos de idade, 25 anos tempo de contribuição, e os mesmos demais requisitos exigidos para o homem.

> *Art. 6º Ressalvado o direito de opção à aposentadoria pelas normas estabelecidas pelo art. 40 da Constituição Federal ou pelas regras estabelecidas pelo art. 2º desta Emenda, o servidor da União, dos Estados, do Distrito Federal e dos Municípios, incluídas suas autarquias e fundações, que tenha ingressado no serviço público até a data de publicação desta Emenda poderá aposentar-se com proventos integrais, que corresponderão à totalidade da remuneração do servidor no cargo efetivo em que se der a aposentadoria, na forma da lei, quando, observadas as reduções de idade e tempo de contribuição contidas no § 5º do art. 40 da Constituição Federal, vier a preencher, cumulativamente, as seguintes condições:*
> *I – sessenta anos de idade, se homem, e cinqüenta e cinco anos de idade, se mulher;*
> *II – trinta e cinco anos de contribuição, se homem, e trinta anos de contribuição, se mulher;*
> *III – vinte anos de efetivo exercício no serviço público; e*
> *IV – dez anos de carreira e cinco anos de efetivo exercício no cargo em que se der a aposentadoria.*

Faremos as duas simulações, uma para servidor e outra para servidora usando os mesmos dados utilizados anteriormente de data de nascimento e data de exercício no serviço público.

Homem

Requisitos: 60 anos de idade, tempo de contribuição – 35 anos, 20 anos de efetivo exercício no serviço público, 10 anos na carreira e 05 anos no cargo.

Data de Nascimento – 15/12/1960.

Data de Exercício – 10/01/1979.

35 anos de tempo de contribuição

10/01/1979 a 31/12/2013 – 12.775 dias ou 35 anos

20 anos de efetivo exercício no serviço público

10/01/1979 a 04/01/1999 – 7.300 dias ou 20 anos

10 anos na carreira

10/01/1979 a 06/01/1989 – 3.650 dias ou 10 anos

05 anos no cargo

10/01/1979 a 08/01/1984 – 1.825 dias ou 05 anos

60 anos de idade – 15/12/2020

Em 15/12/2020, ao completar 60 anos de idade, data de nascimento 15/12/1960, preenche todos os requisitos, ao atingir o último que faltava, o da idade.

Mulher

Requisitos: 55 anos de idade, tempo de contribuição – 30 anos, 20 anos de efetivo exercício no serviço público, 10 anos na carreira e 05 anos no cargo.

30 anos de tempo de contribuição

10/01/1979 a 01/01/2009 – 10.950 dias ou 30 anos

20 anos de efetivo exercício no serviço público

10/01/1979 a 04/01/1999 – 7.300 dias ou 20 anos

10 anos na carreira

10/01/1979 a 06/01/1989 – 3.650 dias ou 10 anos

05 anos no cargo

10/01/1979 a 08/01/1984 – 1.825 dias ou 05 anos

55 anos de idade – 15/12/2015

Em 15/12/2015, ao completar 55 anos de idade, tendo nascido em 15/12/1960, completa todos os requisitos, pois destes, o da idade era o último que faltava.

Mostramos, a seguir, duas simulações para os que exercem funções exclusivas de magistério nos moldes exigidos pela legislação.

Homem

Requisitos: 55 anos de idade, 30 anos de tempo de contribuição, 20 anos de efetivo exercício de serviço público, 10 anos na carreira, 05 anos no cargo.

Data de Nascimento – 15/12/1960.

Data de Exercício – 10/01/1979.

55 anos de idade – 15/12/2015

30 anos de tempo de contribuição

10/01/1979 a 01/01/2009 – 10.950 dias ou 30 anos

20 anos de efetivo exercício no serviço público

10/01/1979 a 04/01/1999 – 7.300 dias ou 20 anos

10 anos na carreira

10/01/1979 a 06/01/1989 – 3.650 dias ou 10 anos

05 anos no cargo

10/01/1979 a 08/01/1984 – 1.825 dias ou 05 anos

Em 15/12/2015, quando completa 55 anos de idade, já havendo atingido o tempo de contribuição, 30 anos, 01/01/2009, 20 anos de efetivo exercício de serviço público, 04/01/1999, 10 anos na carreira, 06/01/1989, e 05 anos no cargo, 08/01/1984.

Mulher

Requisitos: 50 anos de idade, 25 anos de tempo de contribuição, 20 anos de efetivo exercício no serviço público, 10 anos na carreira e 05 anos no cargo.

50 anos de idade – 15/12/2010

25 anos de tempo de contribuição – 9.125 dias

10/01/1979 a 03/01/2004 – 9.125 dias

20 anos de efetivo exercício no serviço público

10/01/1979 a 04/01/1999 – 7.300 dias ou 20 anos

10 anos na carreira

10/01/1979 a 06/01/1989 – 3.650 dias ou 10 anos

05 anos no cargo

10/01/1979 a 08/01/1984 – 1.825 dias ou 05 anos

Em 15/12/2010, ao completar 50 anos de idade, satisfaz os requisitos para aposentadoria, pois já conta com 25 anos de tempo de contribuição, 03/01/2004, 20 anos de efetivo exercício no serviço público, 04/01/1999, 10 anos na carreira, 06/01/1989, e 05 anos no cargo, 08/01/1984.

IV – Emenda Constitucional Nº 47/2005.

A Emenda Constitucional Nº 47/2005, de 05/07/2005, promulgada no dia 06/07/2005, trouxe alteração ao regramento da aposentadoria especial, passando a incluir os portadores de necessidades especiais no rol

> *"Art.40. ....*
> *§ 4º É vedada a adoção de requisitos e critérios diferenciados para a concessão de aposentadoria aos abrangidos pelo regime de que trata este artigo, ressalvados, nos termos definidos em leis complementares, os casos de servidores:*
> *I - portadores de deficiência;*
> *II - que exerçam atividades de risco;*
> *III - cujas atividades sejam exercidas sob condições especiais que prejudiquem a saúde ou a integridade física.*

No que se refere à contribuição previdenciária dos inativos, a Emenda Constitucional Nº 47/2005 trouxe, para os inativos portadores de doença incapacitante, a contribuição sobre o valor dos seus proventos que exceder o dobro do teto do Regime Geral de Previdência Social, acrescentando o parágrafo 21 ao artigo 40 da Constituição Federal.

> *§ 21. A contribuição prevista no § 18 deste artigo incidirá apenas sobre as parcelas de proventos de aposentadoria e de pensão que superem o dobro do limite máximo estabelecido para os benefícios do regime geral de previdência social de que trata o art. 201 desta Constituição, quando o beneficiário, na forma da lei, for portador de doença incapacitante."*

No artigo 3º da Emenda Constitucional Nº 47/2005, foi trazida uma regra de aposentadoria para os servidores que houvessem ingressado no serviço público até 16/12/1998, regra essa com proventos integrais, da remuneração do cargo, e com paridade para esses proventos, bem como para os de pensão civil (deixada após a morte para os herdeiros), com possibilidade de passarem à inatividade antes dos 60 anos de idade, os homens, e 55 anos de idade, as mulheres.

Nesse artigo, além dos requisitos de tempo de serviço público, na carreira e no cargo, de maneira prática, para que seja encontrado o momento do direito à aposentadoria, os homens devem somar 95 anos entre idade e tempo de contribuição, e as mulheres 85 anos, na hipótese de, respectivamente, houver a pretensão de aposentadoria antes dos 60 anos e 55 anos de idade.

Saliente-se que essa regra, conquanto seja de maior interesse para os que pretendem aposentar-se antes dos 60 anos de idade, homem, e 55 anos de idade, mulher, atingidas todas as suas condições, mesmo sem a possibilidade de aposentar-se antes dessas idades, com um tempo relativamente próximo a essas idades, é interessante a opção por ela, uma vez que também garante a paridade para os proventos de pensão civil, deixada para os herdeiros do servidor.

> *Art. 3º Ressalvado o direito de opção à aposentadoria pelas normas estabelecidas pelo art. 40 da Constituição Federal ou pelas regras estabelecidas pelos arts. 2º e 6º da Emenda Constitucional nº 41, de 2003, o servidor da União, dos Estados, do Distrito Federal e dos Municípios, incluídas suas autarquias e fundações, que tenha ingressado no serviço público até 16 de dezembro de 1998 poderá aposentar-se com proventos integrais, desde que preencha, cumulativamente, as seguintes condições:*
> *I - trinta e cinco anos de contribuição, se homem, e trinta anos de contribuição, se mulher;*
> *II - vinte e cinco anos de efetivo exercício no serviço público, quinze anos de carreira e cinco anos no cargo em que se der a aposentadoria;*
> *III - idade mínima resultante da redução, relativamente aos limites do art. 40, § 1º, inciso III, alínea "a", da Constituição Federal, de um ano de idade para cada ano de contribuição que exceder a condição prevista no inciso I do caput deste artigo.*

Vale ressaltar a que tempo de contribuição não é obrigatório ser de origem no serviço público, enquanto tempo de efetivo exercício diferencia-se desse aspecto, como também tempo no cargo e na carreira, que devem ser exclusivos no serviço público e todos efetivos, e essas observações são aplicáveis a todos os regramentos previstos na Constituição Federal e nas Emendas Constitucionais.

Trazemos duas simulações, uma para servidor e outra para servidora, valendo-nos dos mesmos dados usados anteriormente nas simulações da Emenda Constitucional Nº 20/1998, quanto à data de nascimento e data de exercício.

Homem

Data de Nascimento – 15/12/1960.

Data de Exercício – 10/01/1979.

35 anos de tempo de contribuição – 12.775 dias

10/01/1979 a 31/12/2013 – 12.775 dias

25 anos de serviço público – 9.125 dias

10/01/1979 a 03/01/2004 – 9.125 dias

15 anos na carreira – 5.475 dias

10/01/1979 a 05/01/1994 – 5.475 dias.

05 anos no cargo – 1.825 dias

10/01/1979 a 08/01/1984 – 1.825 dias

No dia 31/12/2013, completou 35 anos de tempo de contribuição, já havendo satisfeito os demais requisitos, portanto, a partir dessa data, inicia a contagem do excedente do tempo de contribuição, para diminuir a idade em relação aos 60 anos, até o momento em que o excedente de tempo de contribuição e a idade somem 95 anos.

TEMPO DE CONTRIBUIÇÃO	DATA	IDADE	DIMINUIÇÃO	SOMA
36 anos	31/12/2014	54 anos	01	90
37 anos	31/12/2015	55 anos	02	92
38 anos	30/12/2016	56 anos	03	94
	15/12/2017	57 anos		

No dia 15/12/2017, ao completar 57 anos de idade, já possuindo, desde o dia 30/12/2016, os 38 anos de tempo de contribuição satisfaz todos os requisitos para aposentadoria.

Mulher

Data de Nascimento – 15/12/1960.

Data de Exercício – 10/01/1979.

30 anos de tempo de contribuição – 10.950 dias

10/01/1979 a 01/01/2009 – 10.950 dias

25 anos de serviço público – 9.125 dias

10/01/1979 a 03/01/2004 – 9.125 dias

15 anos na carreira – 5.475 dias

10/01/1979 a 05/01/1994 – 5.475 dias.

<u>05 anos no cargo – 1.825 dias</u>

10/01/1979 a 08/01/1984 – 1.825 dias

TEMPO DE CONTRIBUIÇÃO	DATA	IDADE	DIMINUIÇÃO	SOMA
30 anos	01/01/2009	48 anos	00	78
31 anos	01/01/2010	49 anos	01	80
32 anos	01/01/2011	50 anos	02	82
33 anos	01/01/2012	51 anos	03	84
	15/12/2012	52 anos		

Em 15/12/2012, ao completar 52 anos de idade e, contando com o tempo de contribuição no total de 33 anos, desde 01/01/2012, atingiu a condição de soma de idade e tempo de contribuição totalizarem 85 anos, já havendo preenchido os demais requisitos de tempo de efetivo exercício no serviço público, tempo na carreira e no cargo.

V – Emenda Constitucional Nº 70/2012.

A Emenda Constitucional Nº 70/2012, de 29/03/2012, promulgada dia 30/03/2012, alterou as regras das aposentadorias por invalidez dos servidores que ingressaram no serviço público das três esferas da administração pública, federal, estadual/distrital e municipal, até a data da publicação da Emenda Constitucional Nº 41/2003, 31/12/2003.

Os servidores aposentados por invalidez passaram a ter os seus proventos calculados com base na remuneração do cargo, fossem esses proventos integrais ou proporcionais, como também passaram a usufruir da paridade com os servidores ativos, ou seja, sempre que a remuneração fosse alterada por revisão geral de índice ou reestruturação de cargo ou carreira também passou a incluir esses servidores amparados pela Emenda Constitucional Nº 70/2012, bem como os proventos de pensão civil oriundos desses proventos de aposentadoria.

> Art. 1º A Emenda Constitucional nº 41, de 19 de dezembro de 2003, passa a vigorar acrescida do seguinte art. 6º-A:
> "Art. 6º-A.O servidor da União, dos Estados, do Distrito Federal e dos Municípios, incluídas suas autarquias e

> *fundações, que tenha ingressado no serviço público até a data de publicação desta Emenda Constitucional e que tenha se aposentado ou venha a se aposentar por invalidez permanente, com fundamento no inciso I do § 1º do art. 40 da Constituição Federal, tem direito a proventos de aposentadoria calculados com base na remuneração do cargo efetivo em que se der a aposentadoria, na forma da lei, não sendo aplicáveis as disposições constantes dos §§ 3º, 8º e 17 do art. 40 da Constituição Federal.*
>
> *Parágrafo único. Aplica-se ao valor dos proventos de aposentadorias concedidas com base no caput o disposto no art. 7º desta Emenda Constitucional, observando-se igual critério de revisão às pensões derivadas dos proventos desses servidores. "*

Até então e, em virtude da Emenda Constitucional Nº 41/2003, que alterou o parágrafo terceiro do artigo 40 da Constituição Federal, todos os que se aposentaram a partir dela, independente da data de entrada no serviço público, tinham os seus proventos calculados pela média das contribuições e sem paridade, e obtinham os reajustes com base no índice anual do Regime Geral de Previdência Social – RGPS, inclusive os atingidos pela invalidez, com proventos proporcionais ou integrais.

Observamos que, após o advento da Emenda Constitucional Nº 70/2012, essa é a única regra que autoriza a aplicação de proventos integrais, com base na remuneração do cargo, e paridade, permanecendo as demais situações previstas no artigo 40 da Constituição Federal, inalteráveis, com proventos calculados pela média das contribuições e sem paridade, inclusive as situações de aposentadoria especial obtida por ordem judicial, enquadrada no parágrafo 4º do citado artigo, se essa decisão não mencionar, de maneira expressa, que os proventos sejam implantados com base na remuneração do cargo e com a paridade.

> *§ 3º Para o cálculo dos proventos de aposentadoria, por ocasião da sua concessão, serão consideradas as remunerações utilizadas como base para as contribuições do servidor aos regimes de previdência de que tratam este artigo e o art. 201, na forma da lei.*
>
> *§ 4º É vedada a adoção de requisitos e critérios diferenciados para a concessão de aposentadoria aos abrangidos pelo regime de que trata este artigo, ressalvados os casos de atividades exercidas exclusivamente sob condições especiais que prejudiquem a saúde ou a integridade física, definidos em lei complementar.*

VI – Projeto de Emenda Constitucional Nº 50/2012.

O Projeto de Emenda Constitucional Nº 50/2012 pretende alterar o inciso III do artigo 3º da Emenda Constitucional Nº 47/2005, cuja redação original prevê a diminuição da idade inicial exigida para o homem, 60 anos, e para a mulher, 55 anos, para cada ano de excesso de tempo de contribuição, em relação aos 35 anos, se homem, e 30 anos, se mulher.

Para cada ano a mais de contribuição, diminui-se um ano dessa exigência da idade mínima.

Na formulação proposta, a idade mínima resultante para chegar a essa data é encontrada a partir do cálculo do excedente em dias, em lugar de anos, toda a contagem de tempo de contribuição excedente em relação ao mínimo exigido para homem e mulher e a idade é feita em dias, em lugar de anos.

Num primeiro momento, poderia parecer que nada mudaria, mas vejamos os mesmos dados empregados nas simulações anteriores e comparemos as novas datas encontradas para a aposentadoria, tanto de servidor quanto de servidora, que podem resultar ou não numa nova data em relação à contagem realizada em anos, em lugar de dias.

Homem

Data de Nascimento – 15/12/1960

Data de Exercício – 10/01/1979

TEMPO DE CONTRIBUIÇÃO	DATA	IDADE	DIMINUIÇÃO	RESULTADO
12.775 – 35 a	31/12/2013	19.375 dias	00	21.900 dias
13.140 – 36 a	31/12/2014	19.740 dias	365 dias	21.535 dias
13.505 – 37 a	31/12/2015	20.105 dias	730 dias	21.170 dias
13.870 – 38 a	30/12/2016	20.471 dias	1.095 dias	20.805 dias
14.037 –	16/06/2017	20.638 dias	1.262 dias	20.638 dias*

- neste exemplo, em particular, 183 dias após 30/12/2016, atinge o direito, ou seja, em 16/06/2017, que, na regra anterior, um ano mais de contribuição e um ano a menos na idade a ser considerada, recaia sobre a data do dia 30/12/2017.

Mulher

Data de Nascimento – 15/12/1960.

Data de Exercício – 10/01/1979.

TEMPO DE CONTRIBUIÇÃO	DATA	IDADE	DIMINUIÇÃO	RESULTADO
10.950 – 30 a	01/01/2009	17.550 dias	00	20.075 dias
11.315 – 31 a	01/01/2010	17.915 dias	365 dias	19.710 dias
11.680 – 32 a	01/01/2011	18.280 dias	730 dias	19.345 dias
12.045 – 33 a	01/01/2012	18.645 dias	1.095 dias	18.980 dias
12.212	16/06/2012	18.813 dias	1.262 dias	18.813

Raciocínio usado = idade de referência diminuída do excedente do tempo de contribuição deverá ser igual à idade, em dias, na data considerada.

• Em 16/06/2012 atingiu o direito na regra prevista na PEC Nº 50/2012, lembrando que na previsão da EC Nº 47/2005, artigo 3º, completa no dia 15/12/2012, quando atinge os 52 anos de idade.

VII – PREVIDÊNCIA COMPLEMENTAR

A Previdência Complementar no serviço público das três esferas, federal, estadual/distrital e municipal, já encontrava sua previsão desde a Emenda Constitucional Nº 20/1998, a partir dos parágrafos 14, 15 e 16, trazidos aos textos do artigo 40 da Constituição Federal por essa Emenda Constitucional.

> § 14. A União, os Estados, o Distrito Federal e os Municípios, desde que instituam regime de previdência complementar para os seus respectivos servidores titulares de cargo efetivo, poderão fixar, para o valor das aposentadorias e pensões a serem concedidas pelo regime de que trata este artigo, o limite máximo estabelecido para os benefícios do regime geral de previdência social de que trata o art. 201.
>
> § 15. Observado o disposto no art. 202, lei complementar disporá sobre as normas gerais para a instituição de regime de previdência complementar pela União, Estados, Distrito Federal e Municípios, para atender aos seus respectivos servidores titulares de cargo efetivo.
>
> § 16. Somente mediante sua prévia e expressa opção, o disposto nos §§ 14 e 15 poderá ser aplicado ao servidor que tiver ingressado no serviço público até a

data da publicação do ato de instituição do correspondente regime de previdência complementar."
Desses parágrafos, somente o 15 sofreu alteração pela Emenda Constitucional N° 41/2003.

> *§ 15. O regime de previdência complementar de que trata o § 14 será instituído por lei de iniciativa do respectivo Poder Executivo, observado o disposto no art. 202 e seus parágrafos, no que couber, por intermédio de entidades fechadas de previdência complementar, de natureza pública, que oferecerão aos respectivos participantes planos de benefícios somente na modalidade de contribuição definida.*

No âmbito do serviço público federal, a partir da promulgação da Lei N° 12.618, de 30/04/2012, foi regulamentado assunto na administração federal dos três Poderes.

O servidor que tenha ingressado no serviço público federal, em primeira investidura, ou reingressado com solução de continuidade, a partir da instalação da respectiva Fundação, passa a ter os seus proventos de aposentadoria ou de pensão civil, deixada aos seus herdeiros, calculados pelo teto do Regime Geral de Previdência Social, na data de ocorrência do fato, aposentadoria ou morte.

A melhor maneira da pessoa interessada em preservar a situação previdenciária anterior, quando houver mudança de cargo, é tomar posse no cargo do órgão de destino e, após essa posse, requerer no órgão de origem a vacância do cargo, apenas mencionando que requer essa vacância em razão de posse em cargo inacumulável no dia em que ingressou no novo cargo, considerada a posse.

Um diferencial, em relação à previdência complementar particular, é o fato de, para o participante patrocinado, haver a contrapartida de contribuição do ente federativo, enquanto na previdência complementar privada somente o inscrito recolhe a sua contribuição.

Os servidores que já possuem a perspectiva de aposentadoria com proventos integrais, artigo 6° da Emenda Constitucional N° 41/2003 e artigo 3° da Emenda Constitucional N° 47/2005, caso se inscrevam como patrocinado na previdência complementar do ente federativo para o qual laboram estarão abdicando da aposentadoria com proventos integrais, bem como os proventos de pensão civil que vierem a deixar aos seus herdeiros, a depender da expectativa de aposentadoria numa ou noutra regra de integralidade com base na remuneração do cargo.

O mesmo ocorre para os que se encontram na perspectiva de aposentadoria com proventos calculados pela média das contribuições, ou seja, se optarem por participar de previdência complementar bancada pelo ente federativo, renunciam a essa possibilidade e passam a ser enquadrados no regime de proventos do teto do Regime Geral de Previdência Social, lembrando que também não possuíam anteriormente a paridade com os servidores ativos.

> *Art. 4º É a União autorizada a criar, observado o disposto no art. 26 e no art. 31, as seguintes entidades fechadas de previdência complementar, com a finalidade de administrar e executar planos de benefícios de caráter previdenciário nos termos das Leis Complementares nos 108 e 109, de 29 de maio de 2001:*
> *I - a Fundação de Previdência Complementar do Servidor Público Federal do Poder Executivo (Funpresp-Exe), para os servidores públicos titulares de cargo efetivo do Poder Executivo, por meio de ato do Presidente da República;*
> *II - a Fundação de Previdência Complementar do Servidor Público Federal do Poder Legislativo (Funpresp-Leg), para os servidores públicos titulares de cargo efetivo do Poder Legislativo e do Tribunal de Contas da União e para os membros deste Tribunal, por meio de ato conjunto dos Presidentes da Câmara dos Deputados e do Senado Federal; e*
> *III - a Fundação de Previdência Complementar do Servidor Público Federal do Poder Judiciário (Funpresp-Jud), para os servidores públicos titulares de cargo efetivo e para os membros do Poder Judiciário, por meio de ato do Presidente do Supremo Tribunal Federal.*
> *§ 1º A Funpresp-Exe, a Funpresp-Leg e a Funpresp-Jud serão estruturadas na forma de fundação, de natureza pública, com personalidade jurídica de direito privado, gozarão de autonomia administrativa, financeira e gerencial e terão sede e foro no Distrito Federal.*
> *§ 2º Por ato conjunto das autoridades competentes para a criação das fundações previstas nos incisos I a III, poderá ser criada fundação que contemple os servidores públicos de 2 (dois) ou dos 3 (três) Poderes.*
> *§ 3º Consideram-se membros do Tribunal de Contas da União, para os efeitos desta Lei, os Ministros, os Auditores de que trata o § 4º do art. 73 da Constituição Federal e os Subprocuradores-Gerais e Procuradores do Ministério Público junto ao Tribunal de Contas da União.*

Um ponto interessante e que merece ser mencionado é o de servidores que migram de uma esfera para outra na administração pública, ou seja, por exemplo, servidor de prefeitura que ingressa em cargo público efetivo na esfera estadual e federal, cuja entrada original no serviço público tenha ocorrido antes da instalação do órgão de previdência complementar, sobre a maneira do enquadramento, se será ou não incluído, para fins de benefícios previdenciários, no teto do Regime Geral de Previdência Social – RGPS.

As Emendas Constitucionais Nº 41/2003 e 47/2005, para enquadramento do servidor público em aposentadoria com proventos integrais e paridade, nos seus textos, apenas mencionam, como requisito, uma determinada data inicial de entrada para ingresso no serviço público, sem exigir que não esteja abrangido pelo Regime Geral de Previdência Social – RGPS no cargo de origem, para, a partir dessa realidade, não ser enquadrado no limite de benefícios do RGPS, como poder ocorre nas situações de servidores municipais, cujas prefeituras não possuam regime próprio de previdência.

No entanto, a FUNPRESP-JUD (Fundação de Previdência Complementar do Servidor Público Federal do Poder Judiciário) traz o entendimento de que os servidores, oriundos de estados e municípios, só manterão os proventos acima do teto do Regime Geral de Previdência Social (RGPS), se nos órgãos de origem exista Regime Próprio (RPPS), e, caso na sua origem, os servidores oriundos de estados e municípios eram enquadrados no RGPS ou seus regimes já eram de Previdência Complementar (RPC), este será mantido ao ingressar no Poder Judiciário, ou se, estando anteriormente vinculado ao RPPS, não aderiu ao RPC, continuará vinculado ao RPPS.

Outra, contudo, diferente é a situação dos que, no cargo de origem, o seu ente federativo já possuía fundação de previdência complementar, e o servidor dele já participava na condição de patrocinado (descontava para fundação o servidor, bem como o órgão federal, estadual ou municipal também recolhia parcela de contribuição para a conta do servidor), quando passa a ter como referência a aposentadoria no teto do RGPS.

Emenda Constitucional Nº 41/2003

*Art. 6º Ressalvado o direito de opção à aposentadoria pelas normas estabelecidas pelo art. 40 da Constituição Federal ou pelas regras estabelecidas pelo art. 2º desta Emenda, o servidor da União, dos Estados, do Distrito Federal e dos Municípios, incluídas suas autarquias e fundações, **que tenha ingressado no serviço público até a data de publicação desta Emenda** poderá aposentar-se com proventos integrais,*

que corresponderão à totalidade da remuneração do servidor no cargo efetivo em que se der a aposentadoria, na forma da lei, quando, observadas as reduções de idade e tempo de contribuição contidas no § 5° do art. 40 da Constituição Federal, vier a preencher, cumulativamente, as seguintes condições:
I – sessenta anos de idade, se homem, e cinqüenta e cinco anos de idade, se mulher;
II – trinta e cinco anos de contribuição, se homem, e trinta anos de contribuição, se mulher;
III – vinte anos de efetivo exercício no serviço público; e
IV – dez anos de carreira e cinco anos de efetivo exercício no cargo em que se der a aposentadoria.

EMENDA CONSTITUCIONAL N° 47/2005

*Art. 3° Ressalvado o direito de opção à aposentadoria pelas normas estabelecidas pelo art. 40 da Constituição Federal ou pelas regras estabelecidas pelos arts. 2° e 6° da Emenda Constitucional n° 41, de 2003, **o servidor da União, dos Estados, do Distrito Federal e dos Municípios, incluídas suas autarquias e fundações, que tenha ingressado no serviço público até 16 de dezembro de 1998** poderá aposentar-se com proventos integrais, desde que preencha, cumulativamente, as seguintes condições:*
I - trinta e cinco anos de contribuição, se homem, e trinta anos de contribuição, se mulher;
II - vinte e cinco anos de efetivo exercício no serviço público, quinze anos de carreira e cinco anos no cargo em que se der a aposentadoria;
III - idade mínima resultante da redução, relativamente aos limites do art. 40, § 1°, inciso III, alínea "a", da Constituição Federal, de um ano de idade para cada ano de contribuição que exceder a condição prevista no inciso I do caput deste artigo.
Parágrafo único. Aplica-se ao valor dos proventos de aposentadorias concedidas com base neste artigo o disposto no art. 7° da Emenda Constitucional n° 41, de 2003, observando-se igual critério de revisão às pensões derivadas dos proventos de servidores falecidos que tenham se aposentado em conformidade com este artigo.

As normas transcritas, que dizem respeito aos critérios de enquadramento fixam datas limites e outros requisitos, e, pela aplicação de um princípio do Direito, que informa que, se a norma não restringe, é descabível formular qualquer restrição, entendemos que a data de entrada no serviço público fixada nas duas hipóteses das Emendas Constitucionais N° 41/2003 e 47/2005, respectivamente, nos artigos 6° e 3°, bastam para enquadramento do servidor quanto aos proventos integrais de aposentadoria, com base na remuneração do cargo e a paridade desses proventos.

Nossa argumentação é no sentido de que, uma vez que o servidor tenha ingressado no serviço público anteriormente, em data que se enquadre no caput do artigo 6º da Emenda Constitucional Nº 41/2003 e artigo 3º da Emenda Constitucional Nº 47/2005, ao mudar de cargo para outra esfera da administração pública, sem que aconteça solução de continuidade entre a saída do cargo de origem e a entrada no cargo de destino, a sua situação previdenciária quanto à expectativa de uma futura aposentadoria está preservada na condição anteriormente trazida do órgão de origem.

VIII – ENQUADRANDO UMA SITUAÇÃO

No momento de analisar-se um pedido de aposentadoria, as dúvidas podem surgir quanto à regra em que será enquadrada a pessoa que requereu a aposentadoria.

O primeiro dado a verificar é a data de ingresso no serviço público, sem solução de continuidade, porque é ela que vai informar em qual regramento será abrangida a solicitação, se com proventos integrais do cargo, da média, ou com proventos integrais sobre o teto do Regime Geral de Previdência Social – RGPS.

Depois de verificada a data de ingresso no serviço público, passa-se a examinar os outros requisitos, como data de nascimento, data de posse no cargo, carreira, para a contagem dos prazos mínimos exigidos em cada enquadramento desejado.

Vejamos alguns exemplos, para que a pessoa interessada no pedido de aposentadoria possa ser enquadrada no regramento do artigo 3º da Emenda Constitucional Nº 47/2005, que garante não só aposentadoria com proventos integrais da remuneração do cargo, como também paridade para esses proventos de aposentadoria e de pensão civil, que será deixada aos herdeiros, bem como poder aposentar-se antes dos 55 anos de idade, se mulher, ou 60 anos de idade, se homem, desde conte com excedente de tempo de contribuição de mais de 35 anos, homem, e 30 anos, mulher, e os outros requisitos específicos do artigo, a data de ingresso no serviço público deverá ter ocorrido até 16/12/1998.

Se a pessoa que tem interesse nessa aposentadoria teve o seu ingresso depois do dia 16/12/1998 e até a data de promulgação, 31/12/2003, da Emenda Constitucional N° 41/2003, de 19/12/2003, poderá aposentar-se com proventos integrais da remuneração do cargo e com paridade desses proventos, contudo, os proventos de pensão civil, para os seus herdeiros não terão essa paridade, bem como não poderá aposentar-se antes dos 60 anos de idade, se homem, e 55 anos, se mulher, além dos demais requisitos, tempo efetivo no serviço público – 20 anos, tempo na carreira – 10 anos, tempo no cargo – 05 anos.

Quem ingressou no serviço público, após a promulgação da Emenda Constitucional N° 41/2003, e antes da instalação do respectivo órgão de previdência complementar, terá os seus proventos de aposentadoria calculados sobre a média das contribuições, sem paridade com os servidores ativos, com índice de reajuste do benefício calculado sobre o mesmo índice do Regime Geral de Previdência Social, enquadrando-se apenas no artigo 40 da Constituição Federal, com a redação dada por essa Emenda Constitucional, com a necessidade de preencher os seguintes requisitos: homem – 60 anos de idade, 35 anos de tempo de contribuição, 10 anos de serviço público e 05 anos no cargo; mulher – 55 anos de idade, 30 anos de tempo de contribuição e as demais condições previstas para os homens.

Para os que tiveram a sua posse, na primeira investidura no serviço público ou mudaram de cargo com solução de continuidade, após a criação da fundação de previdência complementar no respectivo ente federativo, após a Emenda Constitucional N° 41/2003, esses serão enquadrados no teto do Regime Geral de Previdência Social – RGPS, quanto aos proventos de aposentadoria e de pensão civil.

O mesmo raciocínio vale para as hipóteses de aposentadoria por invalidez, porque, a depender data de ingresso, os proventos poderão ter como base cálculo a remuneração do cargo, com paridade, ou a média das contribuições, sem paridade, se antes ou após a Emenda Constitucional N° 41/2003.

Alguns outros aspectos, no que se refere à análise do pedido de aposentadoria, quanto às vantagens que pode o servidor ter, no momento da sua aposentadoria, envolvem adicional por tempo de serviço, indenização de saldo de licença prêmio por assiduidade (esta após a aposentadoria), vantagem do artigo 2° da Lei N° 8.911/1994, entre outros assuntos, valendo lembrar que a nossa análise é feita com base na esfera federal do servidor público da Justiça do Trabalho.

No caso do adicional por tempo de serviço, artigo 67, da Lei N° 8.112/1990, ele foi extinto a partir de 08/03/1999, pela Medida Provisória N° 1.815-3/1999, revogada pela Medida Provisória N° 1.909-15/1999, e mantida essa extinção pela Medida Provisória N° 2.225-45/2001, que preservaram a revogação inicial, portanto, até essa data o servidor poderá ter computado o seu tempo de serviço público federal para esse fim.

> *LEI N° 8.112/1990.*
> *Art. 67. O adicional por tempo de serviço é devido à razão de cinco por cento a cada cinco anos de serviço público prestado à União, às autarquias e às fundações federais, observado o limite de 35% incidente exclusivamente sobre o vencimento básico do cargo efetivo, ainda que investido o servidor em função ou cargo de confiança (Redação dada pela Lei n° 9.527, de 10.12.97).*
> *MEDIDA PROVISÓRIA N° 1.815-3/1999*
> *Art. 4°. Revoga-se o art. 67 da Lei n° 8.112, de 11 de dezembro de 1990, respeitadas as situações constituídas até 8 de março de 1999.*
> *MEDIDA PROVISÓRIA N° 1.909-15/1999*
> *Art. 9°. Revogam-se o inciso III do art. 61 e o art. 67 da Lei n° 8.112, de 11 de dezembro de 1990, respeitadas as situações constituídas até 8 de março de 1999, e as Medidas Provisórias n°s 1.794-14, de 11 de junho de 1999 e 1.815-3, de 2 de junho de 1999.*
> *MEDIDA PROVISÓRIA N° 2.225-45/2001*
> *Art. 15. Revogam-se:*
> *I – o art. 26 da Lei n° 8.112, de 11 de dezembro de 1990;*
> *II – o inciso III do art. 61 e o art. 67 da Lei n° 8.112, de 1990, respeitadas as situações constituídas até 8 de março de 1999;*

A licença prêmio por assiduidade poderá ser contada em dobro, pois não se trata de tempo de contribuição ficto, uma vez que, na esfera federal, ela foi extinta a partir de 15/10/1996, pela Medida Provisória N° 1.522/1996, com a transformação dessa licença prêmio em licença para capacitação, posteriormente houve várias reedições dessa Medida Provisória, (6 reedições) inclusive com a mudança para a de N° 1.573/1997, também reeditada em vários momentos (13 reedições) com outra mudança de numeração para a Medida Provisória N° 1.595/1997, até ser convertida na Lei N° 9.527/1997, sendo, portanto, tempo de serviço, observando-se que, no caso de estados e municípios que mantiveram o direito à licença prêmio por assiduidade após a Emenda Constitucional N° 20/1998, os servidores que adquiriram direito à essa espécie de licença após o advento dessa Emenda Constitucional somente poderão usufruí-la, não podendo contar o saldo em dobro para aposentadoria, pela vedação do parágrafo 10 do artigo 40 da Constituição Federal, por tratar-se de tempo de contribuição ficto, na hipótese de pretender-se sua contagem em dobro, por tratar-se de tempo posterior à data de 16/12/1998.

> § 10. A lei não poderá estabelecer qualquer forma de contagem de tempo de contribuição fictício.

Se houver alguma autorização para que esse saldo seja transformado em pecúnia, seja na esfera federal, estadual ou municipal, ao servidor que se aposenta não está vedado que o saldo possa ter sido adquirido em data posterior à promulgação da Emenda Constitucional Nº 20/1998.

Na administração pública federal, a Justiça do Trabalho, por meio do Conselho Superior da Justiça do Trabalho, autoriza essa conversão, desde que o saldo não tenha sido utilizado para aposentadoria ou usufruída em atividade, e a resposta do Tribunal de Contas da União em consulta formulada Pelo Tribunal Superior do Trabalho veda essa possibilidade de conversão, na hipótese de ter sito utilizado o saldo para o cômputo do tempo de contribuição para direito a Abono de Permanência.

> **RESOLUÇÃO ADMINISTRATIVA CSJT Nº 095/2012**
> Art. 2º. Poderá ainda ser convertida em pecúnia a licença-prêmio do servidor que se aposentar, desde que não a tenha usufruído em atividade nem computada em dobro para fins de jubilação.
> **GRUPO I - CLASSE III - Plenário**
> **TC 020.030/2010-0**
> SUMÁRIO.CONSULTA. IMPOSSIBILIDADE DE REVERSÃO DE OPÇÃO FEITA POR SERVIDOR PELA CONTAGEM EM DOBRO DE PERÍODO DE LICENÇA-PRÊMIO, PARA FINS DE APOSENTADORIA, PARA CONVERSÃO EM PECÚNIA.
> 1. A opção formal do servidor pela contagem em dobro de período de licença-prêmio, para efeito de aposentadoria, é irretratável, conforme Decisão nº 981/2001-Plenário.
> 2. Não é possível a conversão, em pecúnia, por ocasião da aposentadoria, dos dias de licença-prêmio por assiduidade computados em dobro, mediante opção irretratável, para a concessão do abono de permanência, de que trata o art. 40, § 19, da Constituição Federal de 1988, bem assim os arts. 2º, § 5º, e 3º, §1º, da Emenda Constitucional nº 41.
> Diante do exposto, a unidade técnica propõe (fl. 13):
> "24.1 conhecer da presente consulta, uma vez que atende aos requisitos de admissibilidade estabelecidos no art. 1º, inciso XVII, §2º, da Lei nº 8.443/1992 c/c o art. 264, inciso V,

§1º, do Regimento Interno do TCU para, no mérito, responder ao consulente que:

a) a opção formal do servidor pela contagem em dobro de período de licença-prêmio, para efeito de aposentadoria, nos termos do art. 7º da Lei nº 9.527/1997, em qualquer hipótese, é irretratável e que a escolha resulta no perecimento do direito a outra forma de utilização do benefício, a exemplo daquele previsto pelo Acórdão nº 1.980/2009-TCU-Plenário;

b) o período de licença-prêmio já contado em dobro, para efeito de aposentadoria, nos termos do art. 7º da Lei nº 9.527/1997, mesmo que superior ao necessário à concessão do abono de permanência, não pode ser convertido em pecúnia;

24.2 enviar cópia da deliberação que vier a ser adotada, assim como do relatório e do voto que a fundamentarem, para o Tribunal Superior do Trabalho; e

24.3 arquivar os presentes autos".

Outra possibilidade na Justiça do Trabalho é a de somar aos proventos do servidor que está se aposentando, incluir a vantagem do artigo 2º da Lei Nº 8.911/1994, desde que tenha exercido durante cinco anos ininterruptos ou dez anos interpolados, até o dia 18/01/1995, cargo comissionado ou função comissionada, independente de, naquela data, haver ou não adquirido direito à aposentadoria.

Se houver exercido, até àquela data, mais de um cargo comissionado ou de uma função comissionada, ou os dois misturados, deve-se analisar o de maior valor, desde que exercido por, no mínimo, dois anos, nos termos do artigo 193, da Lei Nº 8.112/1990, revogado pela Lei Nº 9.527/1997.

RESOLUÇÃO ADMINISTRATIVA TST Nº 1390/2010
Adotar o entendimento fixado pelo Tribunal de Contas da União nos acórdãos números 2.076/2005-Plenário, 964/2006-Plenário e 663/2008-Plenário, no sentido de assegurar, na aposentadoria, a vantagem decorrente da opção prevista no artigo 2º da Lei nº 8.911/1994 aos servidores que, até a data de 18 de janeiro de 1995, tenham satisfeito os pressupostos temporais estabelecidos no artigo 193 da Lei nº 8.112/1990, ainda que sem os requisitos para aposentação em qualquer modalidade.

LEI Nº 8.112/1990.
Art. 193. Art. 193. O servidor que tiver exercido função de direção, chefia, assessoramento, assistência ou cargo em comissão, por período de 5 (cinco) anos consecutivos, ou 10 (dez) anos interpolados, poderá aposentar-se com a gratificação da função ou remuneração do cargo em comissão de maior valor, desde que exercido por um período mínimo de 2 (dois) anos. (revogado pela Lei Nº 9.527/1997)

LEI Nº 8.911/1994
Art. 2º É facultado ao servidor investido em cargo em comissão ou função de direção, chefia e assessoramento, previstos nesta Lei, optar pela remuneração correspondente ao vencimento de seu cargo efetivo, acrescido de cinquenta e cinco por cento do vencimento fixado para o cargo em comissão, ou das funções

de direção, chefia e assessoramento e da gratificação de atividade pelo desempenho de função, e mais a representação mensal.

www.ingramcontent.com/pod-product-compliance
Lightning Source LLC
Chambersburg PA
CBHW021417170526
45164CB00002B/685